生命，因閱讀而大好

나의 하루를 산책하는 중입니다

即使徘徊，
我們還是會走向明天

讓焦慮成為導航，
從容且直率地活在當下

跳舞蝸牛（Dancing Snail）
張召儀——譯

希望每天的日子
※　都像散步

日復一日，每天都像約會遲到的人一樣。
在這個年紀，好像應該達到某些既定的成就，
卻有種力不從心的感覺。
隨著時間流逝，內心愈來愈急迫，
像是被困在無限迴圈的軌道裡。
沒有人強迫我完成目標，
但我依然每天奮力地奔跑，即便最後總是遲到。

仍一天拖過一天，

在消磨中耗盡時間。

今年，我第一次捨棄了新年計畫，

覺得沒有任何事可以按計畫如期進行。

在完全無法預料的混亂與渾沌中，

我能做的似乎只有等待，

且諷刺的是，我只能盼望時間來替我解決一切。

仔細想想，時間或許能解決一切吧？

在有限的時光裡，我們只能把精力集中在某些事物上，

而隨著時光推移，

又會有其他事物進駐思維與心緒的空檔，

讓先前那些痛苦的記憶，
自然而然地被沖淡與遺忘。
換句話說，心靈維持不飽和的狀態，
我們能夠承擔的憂慮有所極限。
因此，只要給自己一點時間，
許多事就都能迎刃而解。

回顧那些心浮氣躁，
無法靜下來韜光養晦的時期——

如今的我，與其盲目地鞭策自己訂立計畫，
更希望能夠永不倦怠，守住心之所向，
別被焦慮與不安吞噬，
以溫暖且從容的態度來調適自我。

不管現實是背離期待，
或者按照計畫如願進行，
一切都是自我世界的延伸。
願我們都能像散步一樣，
輕鬆自在地踏出每一天。

PREFACE／希望每天的日子都像散步

Chapter 01.

討厭自己，不是最簡單的事嗎？

「每當思緒複雜時，就動動身體走出戶外。」

Chapter 02

比起公認的善良，我更想成為幸福的人

「只要有幾個人願意相信我是對的，那就足夠了。」

Chapter 03.

用自己的步調過一天

「我需要的是給自己一點時間。」

Chapter 04.

為了更自由的明天

「我想如實地看待這個世界並生活其中。」

討厭自己，不是最簡單的事嗎？

「每當思緒複雜時，就動動身體走出戶外。」

所謂的
「沒有空」

✳

我在網路上買了一台瓦斯防漏警報器，
附在商品裡的說明書全是英文，
如果想看韓文版本，就要回到當初購買的網站
進一步查找。
好麻煩。
只要多注意一下瓦斯開關就好，
警報器不馬上安裝應該也無妨吧？

過了一個月，警報器還放在原地。
因為看起來太礙眼，所以我連同箱子一起
塞到了流理台最下方的抽屜裡。

就這樣，又過了六個月。
總想著要找空檔把警報器安裝好，所以又把它擺在桌面上。

又一個月過去，還是沒時間管它。
閒置的警報器就像必須解決的課題一樣，
讓人無法不在意。
光是警報器的存在，
就已經足夠提醒我隨時注意瓦斯開關，
好像也不是非安裝不可。
於是，警報器又再度回到抽屜裡。

又經過六個月，
我終於騰出時間，找到當初
購買警報器的商品頁面，
把它從箱子裡拿出來，

仔細閱讀說明書，放進乾電池，
然後按照步驟設置完成，前後花不到三分鐘。
我乾笑了一聲，
只要三分鐘就可以做完的事，我竟然整整耗了一年！

我重新思考了所謂的「沒有空」。
有時間做其他事，
但沒空做「那件事」；
有時間與其他人見面，
但沒空與「那個人」見面。
其實，不過是我現在不想為某件事或某個人
空出時間而已。

這就是所謂的「沒有空」。

對焦慮不安和憤世嫉俗的人而言，
生活中最重要的兩件事……

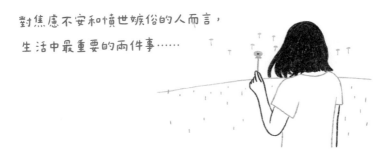

第一，減少思考，
增加活動身體的時間。

第二，在忙碌的日程空隙，
加入一些從容與浪漫。

這就是更接近「幸福」狀態的方法。

關閉情感的
開關

※

個性內向的我，在人多的地方
特別容易顯得緊張。
在搭地鐵或逛街等日常情境裡，
也會因他人的視線
而感到不自在。
出門時若打扮得較華麗，
就會擔心自己
「看起來花枝招展怎麼辦」；

若打扮得較樸素，
又會在意別人
「是不是覺得我寒酸可憐」。

相反的，在家人或知己等熟人面前，
我可以舒服地展現自己真實的模樣。
這種性格的優點，是在自己人面前毫不做作，
具有一種反轉的魅力，能夠贏得意想不到的好感！
不過，也只有在親近的人（特別是家人）身邊，
濃縮的情感會一下子爆發，讓人陷入困窘。

尤其是在親密關係中碰到矛盾時，
情感的起伏特別明顯，
有時會擔心負面情緒傳染給他人，
對工作或人際關係造成不良影響，
所以格外壓抑自己憤怒的情緒。

我很清楚，一味地逃避，
情緒說不定會將我吞噬，

內心的情感遲早都必須面對。

可是，當情感的巨浪襲來，
有時就是忍不住想躲開。

每當此時，我會「喀擦」一聲，
暫時關掉內心的情感開關。

就算負面情緒鋪天蓋地而來，
世界也不會就此崩毀；
即使內心彷彿快要塌陷，
也要讓情緒僅止於情緒。

今天先好好睡一覺，
明天再打開新的情感開關吧！
就這樣，讓每天的生活持續刷新。

就算負面情緒來襲，
也要想著終有平息的時刻。

情感只是一時的，
人生還是會繼續走下去。

把痛苦的情緒埋起來，

等時間過去，一切又會恢復光亮。

或許，
我是渴望被愛吧？

*

開始寫文章、畫圖，然後
把作品展示給大眾，
讓我漸漸發現了過去所不認識的自我。

經常看到讀者評價我的畫作蘊含暖意，
對於散文的心得則是
「文筆簡潔流暢」。
我喜歡所謂的「淡然且溫暖」，

並默默把這樣的回饋刻在心底。

平時的我，和這樣的形象截然不同，
早晚的情緒就像三溫暖一樣。
如果感到焦慮，還會陷入極端的思維裡，
內心總是一團混亂。

因此，我會在生活中過濾掉不成熟的行為，
整頓好思緒後才開始下筆。
把憂鬱的世界繪上
足以被接納的溫暖色彩，
再把它們推向世界。

幸好，人們看見的
是我淡然的文字與溫暖的色調。
我不願把自己的所有面貌攤在陽光下，
或許，我藉由這種方式，渴望被愛。

我以為我很了解自己。

確信看待人生的
角度與價值觀
永遠不會改變。

不過，自認為了解自己，
或許只是一種傲慢，

我從來沒有好好認識過自我。

缺錢時
最悲傷的事

＊

我從小就習慣節儉，
而且也沒什麼物欲。
多虧這樣的習慣，讓我在收入不豐時，
也未曾覺得生活有何不便。

少了名貴的包包，
無法住進更好的房子，
這些物質上的匱乏，

並未讓我感到沮喪。

不過，去別人家作客時，
總是不能空手前往。
明明對周遭的朋友不該吝嗇，自己卻沒有餘裕，
每當此時，我就會覺得自己活得很差勁。

缺錢時最悲傷的事，
就是連內心也會變得窘迫。

和久違的朋友一起吃飯，
卻對著菜單斤斤計較；
想透過禮物表達心意，卻看著
金額猶豫不決，這樣的自己最讓人絕望。

收入增加後的好處，
是至少不必
再對自己所愛之人吝嗇。

「人為什麼要工作呢？」
當類似的哲學思辨在腦海中盤旋——
哪來的為什麼，不過就是想和心愛的人
好好地吃頓飯。

所謂的「愛自己」，
就是不輕言放棄，做好當下能做的事。

若想以興趣維生，

就必須同時接受一些
自己不喜歡的工作。

即便是接案也一樣⋯⋯

若不想再因討厭的工作
痛苦不已，
唯一的方法，

開始吧～

就是盡快把它做完！

最親近的人，
也讓我最疲憊

✳

有些人雖然不常聯繫，但偶爾見面時，
卻能彼此坦誠交心。
反之，有些人雖然經常見面，但在回家的路上，
內心卻總是覺得空虛。

對我來說，比起見面或聯繫的次數，
彼此能夠分享多深的話題，
才是衡量親密程度的基準。

因此，在我的心裡，
已經默默地把親近與不親近的關係畫好了界線。

對於親密的人，自然擁有更多期待。
無論是共鳴、理解或關懷，
我都希望對方能以同理心為我著想。

對於不親近的人，反而不太會失望，
因為從一開始就沒有期待。
但諷刺的是，
這種保持著距離的關係，
反倒讓心境更為輕鬆自在。

親密究竟意味著什麼呢？
有時，最親密的存在，
也是痛苦的最大癥結。
所謂的親密，亦無法時時刻刻
帶來心靈的安定。

或許，生活中大部分的關係，

都只是擦肩而過的緣分。

因此，我們無須對彼此抱有過分的期待，

讓對方深感疲憊，

只要維持著陪伴的關係

就好。

別過於糾結

對方究竟怎麼看我。

當有求於人時，

先試著思考一下
對方生活在
什麼樣的世界裡。

別單方面地提出要求，

先滿足對方渴求的事物，
再把自己的願望說出來。

愛情，
不是誰都能擁有

＊

隨著所謂的「適婚年齡」愈來愈近，
內心就愈來愈感到負擔。
或許我們從來沒有同意過，
但這項具有時間性的任務，就彷彿是不成文的規定一般。

像高普考、就業之類的資格審核，
我至少還有選擇的餘地，
可以決定自己想去哪裡。

面對有可能徹底改變生活模式的重大決定，

我們需要充分的時間仔細考慮，

然而，無論是否贊同婚姻或生育制度，

眼看著社會訂出來的適婚年齡和身體的適孕期，

我們只能隨著時間滴答滴答不斷地往前進。

如同在無從選擇的情況下，直接被剝奪了機會。

此外，在踏入婚姻之前的戀愛，

也讓人倍感煎熬。

就像被追趕著一樣，必須在適婚年齡這段期間，

找到彼此互有好感、性格契合的對象，

然後經歷一段情感消磨的過程。

因此，有愈來愈多人打從一開始就放棄，

這種趨勢完全不讓人意外。

每當我說出自己對婚姻的看法，

就會被當成奇怪的人，

或者是杞人憂天，過於挑剔。

我究竟在哪方面遭遇心理困境，

能夠正確理解其中癥結的人，
從頭到尾都只有我自己。

無法獲得他人的共鳴，
也沒有能一起分享的對象，
這種殘酷的現實，比單身更讓我孤獨。

某個夜晚，我突然想起一首流行歌的歌詞。
「愛情不是誰都能擁有～
誰說愛情很簡單呢～」

〈無病呻吟時〉

用精煉的語言對他人抱怨訴苦。

〈真正倦怠時〉

反正講出來
也解決不了問題，
安慰也只是一時的

無法對任何人表露自己內心的真實狀態。

彼此的
心意大小不同

✳

我喜歡隨著時間流逝，漸趨醇厚的情誼。
有些人雖然相識數年，但只要在某個時間點
發現彼此的心已畫定明確的界線，
就再也找不到維持關係的意義。

彼此的心意大小不同，相處時就格外辛苦；
無法體會對方的處境，又何談深刻地共鳴。
把時間和精力花在表面關係的經營，

反而會忽略真正需要關心和照顧的對象，
不是嗎？

左思右想，
依然沒有明確的解方，而內心又總是放不下。

熟悉感，
總會讓你忘記真正值得感恩與珍惜的事物。

今天在 SNS 上，
也充滿了各種
求關注的人。

真的有人
會對此付出關心嗎？

大家根本都不在意對方，
只希望自己被注意到而已。

午餐與下班的
相互關係

✳

自由工作者的收入很難維持生計，
所以我曾經到小公司上過幾個月的班。
我所經歷過的「社會生活」，
就只有幾次打工和短暫的實習而已，
因此，即使每天不斷反覆，
我依然無法適應和不喜歡的人一起用餐，
甚至連選擇餐廳的自由都沒有。
除了餐點必須按照老闆的喜好來決定，

和主管們之間無趣又沒有意義的閒聊，
更是讓人片刻難忍。

身為內向人的我，
在大部分的社交情境裡，
都很感謝有人率先開啟話題。
但是，主管炫耀自己親戚的親戚順利就業，
或者以「當年我們～」為起始的各種倚老賣老，
聽著聽著只會讓人產生這種想法：
「到底關我什麼事？」

吃飯時間聊的內容，與其說是「對話」，
其實更接近於單方面的「碎念」。
這樣的話，公司是不是應該針對「勉強的附和與回應」，
給予適當的津貼或補助呢？

對我來說，上班就是用自己的時間換取金錢。
因此，我認為在契約結束的六點整
就應該準時下班。

和平時一樣，我背好包包準備離開，
背後卻傳來主管的聲音。

「○○啊，我們每天都一起吃飯，
但下班時間一到，你就瞬間翻臉不認人？
感覺一心只想著回家啊！」

不是啊，每天一起吃飯和準時下班回家，
到底有什麼關係！
聽著那些廢話不僅吃飯不自在，
甚至讓人覺得午餐時間需要額外的津貼，
但對主管來說，居然覺得那是建立情感的機會。
簡直就是同床異夢。

雖然一週見面五天，比家人更常同桌吃飯，
但彼此缺乏實質的共鳴，
我只是勉強地對主管的話做出回應而已。
光靠每天一起吃飯，
其實很難與公司同事培養出感情。

（就算同事間相處融洽，

情誼和下班時間也完全無關！）

人與人之間要累積親密感，

經常見面的確是很重要的起始。

不過，比起「經常見面」這樣的表面行為，

更關鍵的應該是「有意義的交流」。

當我也能自由地表達想法，

拒絕不感興趣的主題，

才算是真正的對話，不是嗎？

人只會在
有足夠躺下的空間時
才把腿伸直。

又遲到了呢……

某個人
唯獨對我特別無禮，

是因為他覺得
對我這麼做
也沒關係。

如果不想被隨意對待，
就不要給對方伸直腿的空間。

真正老練的
忠告

＊

大學時每逢長假，我就會到處承攬兼職，
像是麵包店、超市、美術學院助理講師、便利商店等。
其中，在最熱門的兼職工作——咖啡廳打工的經驗，
讓我留下了深刻的印象。

有一次，我到某間兼營麵包店的個人咖啡廳打工，
店內經理知道我專攻設計，
經常指使我做一些額外的工作，

像是利用咖啡店的標誌製作產品貼紙、
在看板上用藝術字畫菜單……等等。

當時還是學生的我，
對於能夠活用自己的專業感到非常興奮。
除了兼職的時間外，
我回到家也滿懷熱情地構思設計，
然後把作品展示給大家看。

某天，旁觀這一切的麵包店主廚，
帶著意味深長的微笑說道：
「在社會上生活，要盡量隱藏自己的才能，
否則只會讓工作變得更多。」

當時的我還不懂，
對於理當要求報酬的專業性工作，
我竟天真地替人免費做工。

後來，每當在生活中遇到類似的情況，
主廚的忠告就會不斷在腦海裡盤旋。
那位主廚，真正具備了大人老練的智慧。

對日復一日的生活感到倦怠時，
就放自己暫時翱翔在天馬行空的世界裡。

無緣無故
翻找手機的夜晚

✳

即使沒有特別的原因，
每天也會數十次地查看手機畫面。
打開社群軟體隨意瀏覽，
搜尋想買的物品或想吃的食物；
工作時也會點開 Instagram，
確認一下是誰對我的貼文按了讚。

想像一下，如果突然生活在沒有手機的年代，

這個時候會做什麼呢？

應該是在玩電腦吧？

那麼，再回溯到沒有電腦的時代看看。

那個年代，人們在入睡前都做些什麼呢？

大概是用錄音帶聽音樂、收聽廣播、

看電視、讀書，或者寫日記吧？

也許還會做一場白日夢。

然而，不管做什麼，

好像都比一直盯著智慧型手機要健康。

習慣性地滑手機時，

我會提醒自己回想智慧型手機不存在的年代。

但諷刺的是，

這個想法竟寫在手機的記事本裡。

睡前的短暫時光，

如果不滑手機的話，

可以用什麼事來填滿呢？

生活中似乎缺少了什麼。

彷彿失去了重心，

一天天都像在履行義務般地活著。

與其浪費時間滑手機，

不如把精力傾注到更有意義的事情上吧？

想著想著，又開始盯著黑色的螢幕。

徘徊歧路代表自己正在尋找答案。

只要不停下腳步，最終一定能抵達出口。

在勞動造成
情感消磨的情況下，

我們很難對
身邊親近之人
好聲好氣。

因此，平時不妨
為自己訂下目標，
努力成為
「溫柔親切的人」吧！

光是這麼做，就足以把真心傳達給對方。

簡單找回心靈平靜
的方法

✳

書籍出版後，有段時間
我對網路書店上的評價特別敏感。
這種時候，
我就會去「打探」一下其他同類書的評論。

有一次，我去瀏覽了自己
最尊敬也最喜愛的作家的書評，
結果卻看到讀者近乎惡意留言的負評。

那一刻，我才發現
「原來人的想法如此大相逕庭」，
「原來我無法讓所有人都滿意」，
想到這裡，心情也開始變得舒坦。

但是，當我看到自己的書被留下負評時，
心中仍然會湧現難過的情緒。
雖然知道自己無法滿足所有讀者，
但內心似乎難以接受這項事實。

反之，當我看到自己不感興趣的書，
下方清一色都是好評時，
內心就會默默感到慚愧。

那些無法讓我產生共鳴的作品，
對某些人來說或許是一種慰藉，
不能因為不符合我的喜好，
就隨意貶低他人的心血。

試著跳脫原本看待世界的標準吧，
內心將會感受到意外的平靜。

世界變化得太快，不妨像散步一樣，
用自己的速度慢慢往前進。

不管別人說什麼，

我都要在自己足以承擔
的範圍內做選擇。

然後在關心世界變化的同時，

認真看待眼前力所能及之事。

愛笑之人
專屬的祕密

✳

小時候，我以為只有自己最可憐，
童年充滿了遺憾，
還有數不盡的挫折與創傷。

之所以有這樣的誤解，
是因為我習慣把自己的困境一五一十地告訴周邊的人。
此外，我以為那些不常吐露內心痛苦的人，
生活總是散發著粉色的光亮。
與他們相較之下，我不禁顯得有些淒涼。

其實，從個人觀點來看，
任誰都會覺得自己的人生最艱難也最不幸。
但隨著年齡增長，我漸漸發現，
表面上的痛苦與否，
只取決於自己透露了多少。
換句話說，沒有誰的生活更好或更壞，
人生無法互相比較。

人們通常不會昭告天下
自己過得有多艱難，
更多時候是選擇一個人
把苦往肚子裡吞。

能夠在艱苦的生活縫隙裡保持微笑，
並不是因為無憂無慮。
有時，只是為了笑看人生。
臉上經常掛著笑容的人最清楚——
撤除這些，人生其實沒什麼特別。

在我不喜歡自己時，
就會做一些
對自身有害的事。

例如浪費時間瀏覽無趣的內容，
或者用速食隨意打發一餐。

每當此時，
我會靜靜地等待風暴過去，

因為我知道，我一定會再重新擁抱自己。

Chapter 2

比起公認的善良，我更想成為幸福的人

「只要有幾個人願意相信我是對的，那就足夠了。」

決定不再
「假裝喜歡」

※

進入職場後才發現，和工作內容比起來，
很多時候人際關係才最讓人疲憊。
根據時間或場合戴上不同的面具，
與討厭之人適當地應對交際，
我覺得也是一種「能力」。

不過，在私人的社交上，
我希望至少要對自己和他人坦誠。

面對不喜歡的對象，
我不想刻意喬裝，在言行上虛與委蛇。
每當營造一段虛假的關係，
自己終究還是會感到孤獨。
就算內心的寂寞暫時被驅散，
仍深感彼此欠缺厚實的情感紐帶。

我決定不再去迎合不喜歡的人了。
與其要求自己對所有人都親切有禮，
我更想忠於內心的感受與幸福。

為了尋找關於幸福的答案，
我讀遍了各種書籍，

但內心的平和，
不是只靠知識
就能達成。

幸福的關鍵，並非完全操之在我，

還會受周圍環境、
社會和人際關係影響。

因此，走向幸福的第一步，
就是肯定和世界緊密相連的自己。

徹底休息
的方法

⁎

每逢星期天，
我就會放任自己癱在地板上。
除了吃飯和上廁所之外，
整天都躺著耍廢。

當然，即使我長期過著宅女生活，
每個月也會有幾天到繁華的市區放風。
但每次逛完回家，

就會覺得「果然外面也沒什麼稀罕」。

因此，現在就算整天躺在家裡，

也不會擔憂「是不是只有我這樣生活」，

能夠放下焦慮，讓自己安心地休息。

回想起因倦怠症而全身無力，

只能一直癱在地板上的那段時期，

如今就算是躺著，也是用自己的力量在支撐，

沒有人從旁監視，我也能調整好生活的節奏，

對於這樣的自己，我默默地感到欣慰。

現在的我，和過去比起來已好轉許多，

眼前各種微小的事物，都足以讓我心存感激。

人們在走投無路時，
會抱持強烈的希望
來挺過那段時期。

每當此時，一點小小的喜悅，
就會讓人滿懷感激。

因此，愈是處於艱困的環境，
就愈會發現——

我可以透過一些微小的事物，
重新感受到幸福。

不變的
唯一

＊

隨著年紀增長，我似乎沒什麼成就，
這樣下去真的沒關係嗎？
同齡的朋友都已有另一半，
為育兒生活忙碌不已，
我這樣繼續一個人生活下去，真的無所謂嗎？
當滿腦子都被茫然的憂慮佔據時，
我有自己領悟出的獨門訣竅，
能夠紓解內心沉悶的情緒，

就像用特製醬料把搞砸的食物
重新變成美味的料理一樣。

一邊享受泡泡浴一邊看書，
蜷縮在被窩裡看喜歡的電視劇，
在大家都入睡的凌晨時分，獨自聽著音樂畫畫。

至少在那一瞬間，
我能暫時擺脫未來的焦慮
和現實的煩惱，
有一種解放的感覺。

不過，隨著年齡增長和處境不同，
以前立竿見影的那些方法，
開始出現失效的情況。
如同我的人生和狀態持續改變一樣，
擁抱幸福的方式也必須不斷進化。

當時的我和現在的我已然不同，
每個人都走在變化的道路上。

儘管如此，唯一不變的是，
我總會再次找到讓自己幸福的方法。
就像過去一直堅守的那樣。

因各種煩惱而失眠時，
不妨簡單地動動身體，整理一下思緒。

慢熟的人

✳

面對人際關係，

有些人需要充分的時間才能敞開心扉，

而在關上心門時，

同樣也需要一段很長的時間。

我很了解自己這種慢熟的性格，

所以有時不會輕易讓他人走入心裡，

而是乾脆以迴避的態度去應對。

慢熟的人，對人際關係懷抱的期待，
其實比任何人都還要強烈。
但期待愈高，失望就愈深，
以至於心門一旦關上，就不會再輕易開啟。

在不斷絕人際關係的前提下，
將創傷最小化的方式，
就是降低對他人的期待。

在日常生活裡，不妨把期待值設定為 0。
如此一來，在受到熱情款待時，就能夠心存感激；
對人際關係失望時，也不會耿耿於懷。
任何微小的事物，都足以讓人汲取幸福。

在成長的路上，
我總是竭盡全力，

以適合自己的速度持續前進。

可是，世界卻經常嫌我走得太慢。

為什麼世界的運轉，
永遠比我的時間還要快呢？

成長痛
也必須適當

✳

「凡殺不死我的，必使我更強大。」
尼采如是說。
許多人都說年輕時就要多吃苦，
但我極力反對這種觀點。

困境和試煉雖然會成為實現目標的強大動機，
但幼時若承受過多的痛苦和創傷，
將來就容易迴避新的挑戰，

表現得畏首畏尾。

假如碰到不可避免的逆境，
就只能拚盡全力，試圖從中掙脫。
但是，絕對沒必要因為自己還年輕，
就刻意往火坑裡跳。
人生就算沒有經歷各種磨難，也一樣能夠成長茁壯，
一樣可以享受幸福。

成長痛必須適當，才得以成為良藥。
過度的痛苦，有時只會在生命留下創傷。
假如眼前的逆境令人難以承受，
就別一味地強迫自己忍耐。

有些事，
只能交給時間來解決。

不過，希望你能珍惜
那些流逝的時光。

因為治癒的過程，
終究屬於你我的人生。

無法只用喜歡的事
填滿每一天

✳

因堆積如山的稿債而疲憊不堪，
在評估今天該完成哪些進度時，
稍微到廁所讓自己喘口氣。
在那短暫的空檔，天馬行空的思緒振翅翱翔。

假如我中了樂透頭獎，
即使不工作也不影響生計，
不用把時間花在賺錢上的話，
現在的我會在做什麼？

又會選擇做些什麼呢？

首先，我會去旅行一段時間，造訪在地美食名店，
盡情滿足自己的味蕾。
但總有一天，那樣的生活也會變無聊吧？
接下來，我會放任自己去學各種感興趣的事物，
陶瓷工藝、現代舞或是話劇，我全都想試試看。

不過，仔細想一想，
學習這些事物雖然需要時間，
但對現在的我來說，
也並非完全不可能實現。

我們無法只用喜歡的事物填滿每一天，
但至少也能填滿人生的一部分吧！
深呼吸一下，找回內心的餘裕，
就會看見以前不曾發現的風景。
或許不是價值千金，但在目前擁有的事物裡，
我也有能送給自己的小禮物。

從容且直率地
活在當下

※

在陷入憂鬱的那段時期，
我莫名地喜歡和我一樣
帶有憂鬱氣質的人。
我並沒有刻意去區分，
但就是覺得在那樣的人身邊更為自在。
尤其是看起來悲傷，
或者眼神裡充滿故事的人，
讓我特別想進一步交流。

不過，近來我逐漸對憂鬱、悲傷等情緒感到倦怠，
像是自怨自艾，不停講述自身經歷的人。
或許是因為看到自我意識過剩與自我嫌惡的組合，
就會想起那不堪回首的自己吧？

從容又直率地接受現實，
懂得活在當下——
最近的我，更想待在這樣的人身邊。
我也想像他們一樣生活。

在終結混亂的一天
時提筆

＊

對我來說，寫作大致有兩個意義：

「排解」與「留住」。

雖然同樣是寫作，但根據情況不同，

發揮的作用也完全相反。

有時思緒會突然變得複雜，

逐漸擴大成不切實際的焦慮，

這種時候，唯有把想法全部用文字表現出來，

才能找回內心的平靜。

雖然也可以把文字凝煉成畫作，
但想法浮現時會伴隨著語言化，
所以用文字寫出來較為容易。

此外，想把腦海裡閃過的靈感儲存起來，
準備以後再拿出來看時，
我也會提筆寫作。
可以說是一種「記憶收集狂」。

雖然寫作的兩種目的完全相反，
但這樣的過程，讓我成就了更完整的自己，
甚至變得更加幸福。

「排解」或「吐露」這樣的形容非常恰當，
就像胃脹時把食物吐出來，
腸胃就會變得輕鬆一樣，
把語言化的複雜想法從大腦裡排出，

心靈就會跟著恢復平靜。

在度過混亂的一天後，
推薦大家提筆試試（也可以使用手機的備忘錄）。

願你也能擺脫空泛的焦慮，
不再迴避真實世界，
勇敢地走向明天。

如果把近期最專注的事記錄下來，
就能發現自己改變的軌跡。

當堆積如山的工作
壓在我身上時，
我就會開始
天馬行空地胡亂想像。

如果我生來是動物、
植物或石頭就好了……

人類要達成的目標
為何如此多？

若想掌控心靈，
就盡量讓身體動起來

＊

偶爾會被莫名的怒火和不安吞噬。
這時，腦海中就會浮現一些尚未發生的問題，
開始對我造成折磨。

據說我們的想法很容易被情感左右，
因此，我決定要以好心情來展開每一天。

我嘗試過各種方法，

結論是沒有比運動更好的選項。

我一週會做 2 ～ 3 次肌力訓練，
沒有安排運動時，就會去散步 1 ～ 2 個小時，
週末則是去爬山。

這樣的生活持續一年左右，
原本像紙片人一樣的身體，
才開始有點健康的模樣。
爬樓梯或斜坡時，不再像以前那麼吃力；
提重物或開瓶蓋時，也不用再請求他人協助。
雖然都是些微不足道的事，
卻意外讓我產生強烈的自信。

最關鍵的是，用運動來開啟一天的早晨，
就可以擺脫煩躁、憤怒、無力等情緒。
「覺得厭世時，就要多讓身體動起來」，
這句話雖然是老生常談，
但既然有那麼多人認同，

就代表其中一定有道理。

我們感受到的情緒，
大部分來自身體的反應。
因此，為了確實掌控心靈，
首先要讓身體好好地動起來。

早晨喝杯茶，睡前不看手機
——開始養成照顧身體的習慣吧！

過度的責任感，
可能是自我意識過剩導致的傲慢。

若想安撫過度的焦慮，
首先要恢復自我信任。

為了不被
複雜的思緒侵蝕，
必須讓身體動起來。

大人們
喜歡花的理由

※

曾經有段時期，
我覺得畫花卉之類的東西很無趣，
因為人生有太多比這些更重要或更急迫的問題。
當時的我以為，
描繪複雜且深奧的主題，
才是更有價值的創作。

但是，現在的我好像明白了，

大人們為什麼會隨著年紀增長而愛上花。

在這險惡的世界裡，
藉由賞花來獲得幾分喘息，
是大人們送給自己的禮物。

若缺乏這種自我關愛，
就很難在世間走下去。
通訊軟體上父母的照片為什麼總是花，
直到現在，我才終於領悟箇中的緣由。

偶爾會因不確定的未來
而感到窒息，

也想過如果能
預知未來的話，
往後的人生該有多好？

若命運已經決定好了，
未來的日子
雖然不再感到焦慮，
但也不會懷有希望吧？

未來或許充滿了變數，
但也因為有機會
嘗試不同的路，

我們才能用希望
撐過每一天。

有幾個人懂我
就夠了

✳

聊天時總是毫無靈魂的我，
某天久違地與他人產生了共鳴。
那時，心裡突然湧現這樣的想法。

或許對我而言，
重要的不是融入世界的歸屬感，
也不是為了看起來交友廣闊，
而是希望真正獲得理解和共鳴。

與其表面風光，實際卻缺乏真誠，
走在自己信仰的正確道路上時，
只要有幾個人在身邊支持我就夠了。

即使不能經常見面，
也別忘了有些人會一直陪在我身邊。

難以產生交情的
聯誼

﹡

在某次聯誼之後，
因為對方沒有後續的聯絡，
讓我有種被拒絕的感覺，
產生了難以言喻的不悅，
甚至對此倍感憤怒。
我很清楚，自己的價值不會因一、二次的聯誼失敗而降低，
但內心依舊無可避免地留下了創傷。

隨著類似的經驗不斷反覆，
我開始對拒絕的信號變得敏感。
比起專心與眼前的人相處，
我更在乎對方是否對我感興趣。
然而，以這種方式來交友，
只會讓雙方都陷入不幸。

創傷，讓人逐漸用偏頗的角度看待世界，
並且在心裡豎起一道牆，
無法純粹地去愛他人最真實的面貌。

世上哪有人沒受過傷呢？
我們只是努力不被心中的陰影吞噬，
渴望以最純真的視角看待他人。

因此，每當對拒絕的信號變得敏感時，
我就會把注意力集中在眼前之人身上。
他擁有什麼樣的人生故事？
喜歡什麼、討厭什麼呢？

對生活抱有何種價值觀，

又為什麼會有這樣的想法？

我試著以單純的好奇心去接近對方。

沒想到，神奇的事情發生了──

即使對方做出令我不快的舉動，

我也能從他的行為讀出背後的故事，

甚至能察覺他內心的傷痛。

憐憫吞掉了心中的憤怒，

也因為不再厭惡對方，心情變得舒暢許多，

受到傷害時的衝擊感也跟著降低。

「憤怒只會引來憤怒」，我對這句話有了切身的體會。

後來，我在生活中也碰到許多被拒絕的情境，

但我懂得不再將對方的行為和我的價值畫上等號。

即使在當下難免感到不悅，

但內心已架設好某種防護網，

讓我不至於被負面情緒鯨吞蠶食。

透過這種方式，

我學會保護自己免於受害，鍛鍊出堅實的心靈肌肉。

就算遭遇挫折，

自尊心也不會再像以前一樣倍受打擊。

無論遇到多奇怪的人，

或是對方的行為有多失禮，

我的心都不會再受創傷——

因為我已經做好了自我守護的準備。

每個人都會有奇怪的一面，

並且希望有人能
原原本本地接納我的各種面向。

即使
不被了解或期待

＊

在新冠肺炎擴散，難以走出家門的那段時期，
為了達成在家運動的目標，我特地購置了室內健身車。
以為自己至少能夠堅持一、二個月，
但健身車很快就變成昂貴的毛巾架，
我也跟著陷入愧疚和心虛。

某天大掃除時，
我決定將佔空間的健身車移到陽台。

過去為了防止噪音影響鄰居，

我曾在健身車底下鋪了一塊瑜伽墊，

如今只剩明顯的壓痕映入眼簾。

我期待壓痕能夠自然膨脹復原，

於是把瑜伽墊攤平晾在衣架上。

但那些被擠壓的痕跡，

就像是在證明自己撐過的歲月一般，

不肯輕易褪去。

無法舒展開來的壓痕，

不知怎地，竟彷如我心中的皺褶。

在電影《歡迎光臨奇幻城堡》裡，

主角夢妮經常前往遊玩的森林中，

有一棵「死了之後仍繼續生長的樹」。

我原以為那是電影裡虛構的情節，

但在社區內散步時，偶然間發現類似的樹木。

那棵樹在夏天遭遇颱風襲擊，樹枝全都斷了，

連樹幹都應聲倒下，看起來毫無生機。

然而，就在某一天，
我發現那棵樹抽芽了。
仔細觀察一下，周遭還有很多這樣的樹，
折斷、傾倒後，卻還是繼續生長。
在沒有人發現、沒有人期待的情況下，
默默地成長茁壯。

忽然想起在我心裡折斷或傾倒的東西。
沒有人發現、沒有人期待，
只有我才會在意的那些物事。

過了兩個月左右，
原來看似絕對不會膨脹復原的瑜伽墊，
上面的壓痕變得愈來愈淺。
雖然瑜伽墊聽不見我說話，
但我仍想稱讚它「這段時間辛苦了」。
於是，我用沾濕的毛巾，
輕輕地擦拭墊子上的痕跡。

「別抱有期待」，
是我最近在生活中謹守的信念。

雖然正逢花季，
但遇到預期之外的驚喜時，

心中就會燃起加倍的勇氣。

決定
寬恕自己一天

＊

我在運動時受了傷，大拇指打上石膏。

雖然傷的是手，但折磨的卻是心。

為什麼沒事找事（＝運動）做，莫名其妙把自己弄傷了呢？

為什麼不小心一點？

明明是為了健康而努力，結果卻讓情況變得更糟，

這點讓我感到既生氣又委屈。

又不是四肢全部骨折，

該完成的工作還是得繼續進行，
就算只用四根手指，也必須奮力一搏。
在工作就快完成時，累積了幾個月的壓力瞬間爆發，
我忍不住坐在房間裡嚎啕大哭。

成熟的大人面對這種情境，
會先把該做的事完成，而不是癱坐在地上大哭，
我想我還無法成為那樣的大人。
不過，至少我不會責怪自己不成熟，
因為在遭遇困境時，不是每個人都能坦然面對。

我決定寬恕自己一天，
真心覺得疲憊時，就像孩子一樣坐下來大哭也無妨。
反正橫豎都是人生。

事情不如想像中順利時，

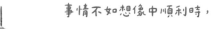

偶爾會在腦中閃過
這樣的想法：
「這是我的極限嗎？」

每當此時，
我就會用力地搖搖頭
告訴自己：

「不，這只是我目前的狀態而已，
不是我的極限。」

Chapter 3

用自己的步調過一天

「我需要的是給自己一點時間。」

做到
80% 就好

✳

以前的我以為，若想邁向成功和幸福，
每件事都要發揮自己 100% 的能量，
全力以赴地面對生活。

然而，按照現實世界的運轉，
努力與回報永遠無法畫上等號。
有時只付出 10% 的努力，
卻能獲得 200% 的成果；

有時雖然付出 300%，最後卻什麼也沒有。

人生中可以期待的結果，
就像賭博的勝率一樣渺茫。

在資本主義市場裡，勞力不過就是種季節商品，
我害怕自己如果每天都付出 100% 的努力，
總有一天靈魂會被掏空，
只剩下骨瘦如柴的軀殼。

以一貫的熱情和強度面對目前的工作，
究竟能維持多久呢？
韓國精神科醫師鄭宇烈曾在自己的 YouTube 頻道上說過：
「我的人生座右銘，是凡事做到 80 分就好。」

每逢新年，我們就會懷著雄心壯志訂立目標，
但想一年 365 天都保持元旦當天的意志力，
對任何人來說都不是件易事。

或許，懂得在工作中適當地喘息，

為意料之外的幸運感到驚喜，

才是能在百歲時代永不倦怠，

幸福生活下去的姿態。

若想讓自己不在工作中倦怠，

首先要思考的就是「哪些事我不做也無妨」。

不管什麼事，一旦開始了，
就要堅持到最後。

在短時間內大量燃燒熱情，
很快就會感到厭倦，
無法走得長遠。

現在，無論面對什麼事，
我決定只要做到 80% 就好，

如此才能緩緩地持續朝前方邁進。

我們啟動幸福迴路
的理由

＊

即使多次遭遇不幸，

我們依然很難適應，

所以經常覺得眼前的時刻最是煎熬。

這種時候，如果某人未曾切身體會我的痛苦，

只是以旁觀者的角度安慰我「一切都會過去」，

聽起來一點也不好受。

過去的我以為，若傷痛能只靠一句話撫平，

那麼也算不上真正的痛苦吧？

然而，如今卻發現人生並非如此。

某些時刻，我們就是需要滿滿的正能量。

人生在世，有時我們反而渴望聽到

最簡單又最老套的安慰。

當只能依靠希望來堅持下去時，

比起任何冷靜或理智的建議，

心中最想聽到的，

其實是一句舉重若輕的「一切都會過去」。

就像考驗內心的正能量一般，

雖然尚待克服的挑戰依然等在前方，

而生活的痛苦也總是現在進行式，

諷刺地激勵著我們繼續撐下去。

但是，不管在生活中遇到什麼樣的困難，

只要回顧往昔，

就會發現它們終將成為人生必經的「過去式」。

每當在生活中遇到困難，
就會回想至今為止克服困境的經驗，
藉此獲得勇氣。

因此，即使覺得
「這是目前人生中最大的危機」，
也能表現得泰然自若。

因為我知道，
當有一天再次回首，
眼前的困境
終會變得微不足道。

我可以做自己
就好嗎？

＊

自從開始作畫以後，
就一直困在矛盾的情感枷鎖裡。
收到外包專案的邀請時，
能夠感受到自身的價值；
但沒有接到工作的期間，
就會覺得自己一無是處。

童年時期，

繪畫就是我最幸福的記憶，

但不知從什麼時候開始，

畫圖似乎已經變成提升自尊感的手段，

這點不禁讓我陷入焦慮。

「還有讀者在等待我的新作」，

我總是如此激勵著自己，

但有時難免覺得努力工作的我，

是否無法以最真實的面貌生活，

必須透過「插畫創作者」的頭銜來獲得認同？

我不希望自己畫圖時，

是因為執著於名聲，

更不想讓自己喜歡的事

淪為一種獲利工具。

別總是想著炫耀，

或者貪戀肉眼可見的成果，

我期許自己不急不躁，

單純地享受繪畫本身帶來的快樂。

或許我最需要的，
其實是給自己多一點的餘裕。

追求完美的態度，
反而容易讓自己陷入膠著。

恐懼。

害怕成為那樣的人，
或者成為那樣的大人。

我期許
自己與眾不同，

卻仍擔心自己向世界妥協，
得過且過地度日。

寄給老朋友的
包裹

＊

中學時曾在校內的寫作比賽上得過一次獎。
對於喜歡美術課的我來說，
獲得的竟然不是與美術相關的獎項，
所以我並沒有特別放在心上，
很快就忘了這件事。

當我表明自己即將出書時，
中學時期的摯友提到：
「你以前不是還在寫作大賽上得獎了嗎？

我一直覺得你的文筆很好！」

對於學生時期的我，

朋友記得的細節比我更多。

在寫書的過程中，每當對自己失去信心時，

就會想起對方給我的鼓勵，

然後繼續努力地創作。

我陸續完成了幾部作品，

而這段期間，

朋友也成為養育兩個孩子的職場媽媽，

彼此為生活奔波忙碌。

不知不覺間，

我和朋友的生活型態開始產生落差。

過去我們會被地上滾動的落葉逗笑，

而今卻失去了共同的話題與興趣。

學生時代的朋友，

好像變得只有在喪禮或喜宴上才會見面。

在寫書的期間，我總是會想起朋友，

卻不知該如何與對方聯繫。

我以為朋友和以前不一樣了，

單方面地感到遺憾。

不過，對方其實不曾改變，

只是雙方的處境和以前不再相同。

驀然回首，

才發現我們一直都在原本的位置。

幾年的時間過去，

我終於重新和朋友取得聯繫，

打算把這段期間出版的書寄給她。

彷彿昨天才見面一樣，我們聊了好一陣子，

最後約定剩下的故事等見面後再敘。

「啊，這就是所謂的『老朋友』。」

我在心裡反覆咀嚼。

時隔多年，如今才把自己的心意告訴朋友：

因為你當時的一句鼓勵，

我才有勇氣堅持到現在。

曾經有段時期，總是妄想
抓住那些遙不可及的事物。

沉浸在難以實現的夢想裡，
想念那些永遠遇不到的人。

如今，我決定只追求
自己能夠觸及的幸福。

現在的我，過得比以前還要自在，
內心也不再感到急迫。

未曾察覺的
美麗瞬間

✳

遠遠眺望著植物

以及認真為植物拍照的中年長者，

讓最近的散步時光變得多姿又多采。

至少在這短暫的時間，

可以忘記身邊那些對自己有害的事物。

過去的我，總是浸淫在對世界的冷笑裡，

絲毫未曾察覺這些美麗的瞬間。

當作對過往悲傷時光的補償，
最近的我，努力把日常的美好收進眼底。

這段時間，我集中於痛苦的事情上，
究竟錯過了多少美麗風景？
哪怕從現在開始，我也要多看看美好的事物，
保持輕鬆的心態，不再逼迫自己。

想看什麼就去看，想吃什麼就去吃；
一丁點的自由，都足以成為自我救贖。

我心中的
糾察隊

※

我喜歡有計畫地工作，
所以有時會把自己逼入絕境。
只要進度跟不上事先安排好的日程，
或者成品未達心中的標準，
我就會強迫自己盡快修正，
時時刻刻背負著壓力。

某天，我像往常一樣忙於工作，

赫然發現，就算稍微休息一下，

也沒有人會對我指手畫腳。

其實，逼著自己不斷往前的上司，

就住在我心裡。

我決定在糾察隊們的位置上，

迎進一批新的啦啦隊。

「取得成果當然很重要，

但世上沒有一件事能夠完全按照計畫進行吧？」

在啦啦隊們你一言、我一語的同時，

我保留了一天的喘息空間，

對自己手忙腳亂的頹樣睜一隻眼、閉一隻眼。

愈是迫切想找到生活的意義，
就愈要記住我們的人生
可能沒有道理可言。

但是，我不想讓自己
陷入虛無主義。

若生活沒有明確的意義，
那我就從觸手可及的幸福中，
尋找自己存在的理由。

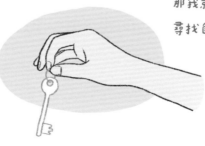

觸手可及的幸福——

今天，是甜滋滋的鬆餅時光。

目前的衣櫃裡，
充滿什麼顏色呢？

✳

雖然我不是追求時尚的類型，
但我會盡量不在意他人的眼光，
將自己喜歡的元素反映到個人風格裡。

曾經有段時間，
我認為世上最漂亮的顏色只有青綠色。
當時的我既憂鬱又倦怠，
不管是衣櫃或畫作中，全都充滿青綠的色調。

還有一段時間，我瘋狂地迷戀上圓點圖案，
幾乎是用全身在表達自己的喜好，
因此，每當朋友發現圓點圖案的商品，
就會馬上把訊息分享給我。
或許是當時的強迫症特別嚴重，
在看到整齊排列的圓點圖案時，
心情就莫名地感到舒暢。

就這樣，在不知不覺間，
我喜歡的花紋和顏色產生極大的改變，
最近衣櫃裡也比以前更豐富多彩。
在眾多色調中，我似乎最偏好紅色和黃色。

我們的心並非一成不變。
Let it be.
不管今天的我最愛哪種顏色，
都放任自己隨心所欲。

今天的你，最喜歡哪種顏色呢？

雖然全世界都在鼓吹
更好的物質享受，

但對我而言，
最重要的價值是
心靈平靜。

為了守護心中的信念，
我需要像戰士一樣擁有
穩固的盾牌。

在喧囂中守住的心靈平和，彌足珍貴。

週五的夜晚，
想起那些未能回收的心意

✳

週五的夜晚，不知為何感到格外寂寞。

我一度以為這種空虛感，

是起因於自己沒有戀愛對象。

不過，如今回想起來，

我所需要的不是戀愛或結婚之類的形式，

而是親密關係所帶來的充實感。

雖然不曉得原因，

但每逢星期五晚上，心中的那股渴求就會加劇。

隨著關係的親密度上升，

我習慣與對方分享各種瑣碎的日常。

（無論對方樂不樂意）

但問題在於，這麼做的我，

也暗自期待對方和我共享一切。

如果不順利，我就會一個人感到受傷，

然後又因自己心胸狹隘而覺得愧疚。

每次只要與某個人變親近，

就會不斷重複類似的過程。

二十多歲時的我，

即便單戀也會覺得心頭暖暖的。

但年過三十之後，

不曉得是不是累積了過多單方面付出的經驗，

刻在內心深處的痛楚，讓我很容易對關係失望。

付出而得不到回報，對每個人來說都很痛苦。

但沒有和我一樣敞開心扉，

卻不一定是對方的錯，
因為每個人都有自己的考量與立場。

未能回收的心意，漸趨疲憊的靈魂。
讓我們練習在付出的同時，
依舊保有內心的餘裕吧——
別讓自己受傷，也別讓對方感到窒息。

我的心屬於我，
對方的心也只屬於他自己。

當局者迷

若想知道是誰在傷害我，
唯一的方法就是從情境中跳脫。

有些事，
如果未能保持距離，以客觀的角度看待，
就永遠無法釐清真相。
正所謂「當局者迷」。

試著遠離那些令我感到痛苦的人吧！
放鬆全身的感官，
去體會寧靜與和平所帶來的價值。
一個人也無妨，只要我懂得自我救贖，
那麼很快就會發現，這個世界並沒有遺棄我。

每天靜靜散步的時光，
足以慰勞終日的疲憊。

有時，我覺得在遠處
望著某個人比較好。

雖然很想
與對方親近，

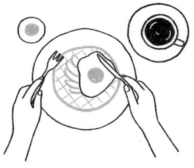

可是若發現對方的心意
與我不同，甚至讓我
忍不住自我嫌惡，

倒不如後退一步，
靜靜地望著對方更為自在。

明天還是要
繼續走下去

＊

假如你在某件事情上花費了時間，

就會期待得到相應的報酬；

而在此基礎上，如果又投入一定的金錢和努力，

那麼隨著時間流逝，還會開始感受到壓力。

用專業術語來說的話，就是所謂的「成本」。

「該怎麼做才能更好？」

類似的想法會不斷在腦中縈繞。

為此感到心煩意亂時，我就會出去散步，
一直走，一直走。

突然，我開始思考起「走路」這個概念。
我們在散步時，
不會因為
「怎麼走才會看起來更帥？」、
「怎麼走才會更穩健？」、
「怎麼走才比較合理或實際？」
這些問題感到苦惱或焦慮，
也不會妄想飛天遁地，
或是轟轟烈烈地奔騰。

日常生活裡，我們花了很多時間在走路，
卻不會期待自己得到相應的補償，
或許正是基於這個原因，
我從來不曾對散步感到厭煩。

我們經常用行走來比喻人生，

走路和生活中的許多事極為相似。
例如走久了，不一定就走得特別好一樣，
在某件事上花費許多時間，
也不一定要取得出色的成果。

無論是學習外語、研究料理或是寫作，
「持之以恆」之所以困難，
就在於我們總是認為「要比現在做得更好」。
如同走路時一樣，
若能放下負擔感，單純專注於行為本身，
那麼不管做什麼，都會更容易持續下去。

或許無法一鳴驚人，
但明天不妨再試一次，
繼續往前走走看。
無須強加過多的期待，
只要持續做下去就好。

全力以赴，
也不一定能取得
最好的成果。

因此，或許很矛盾，
但我們需要的態度是，

能夠虛心接受
事情的不順利，

同時又相信自己一定會成功。

真正長久的
關係

✳

人際關係中的遺憾，

與為了守護這段關係所付出的努力和時間成正比。

因此，投入的心力愈多，失落感就會愈重。

反過來看，

當你不想再為某段關係憂愁傷神，

方法其實也很簡單，

只要讓自己停止努力即可。

單方面地忍讓，放任失落感蠶食心靈，

直到再也無法承受，最終放棄一段關係──

這一系列的經歷，讓我有了全新的體悟。

或許，少一點努力，多一點自在，

才是真正能走得長久的關係。

若我少付出一點，關係就會走向終結，

那麼這一段緣分，或許一開始就注定是悲劇。

如果明知該放手，卻又遲遲無法決定，

那麼就聽聽看內心的聲音吧！

為了這段關係，你付出過多少努力，

相信你比誰都更清楚。

浪費了太多時間，
只為討好那些不喜歡我的人。

因為無法認可討厭某人的自己，
所以就算心中抗拒，
也故意在表面上假裝融洽。

和喜歡的人相處，
時間都已嫌不夠，

把精力花在無謂的緣分上，
是最徒勞無功的事。

覺得什麼都不重要
的時候

＊

即使朝向目標不停地奔跑，

有時也會因為看不到終點，開始覺得喘不過氣。

猛然停下來時，忍不住質疑自己的決定，

到底是為了什麼，才跑得如此認真？

我以為多問幾次就能得出答案，

但這幾年似乎仍在原地打轉。

不管我是否找到答案，在停下來的這段期間，

世界依然照著規律運轉，

時間仍然朝著未來奔流。

如今的我，好像明白了——

直到生命的盡頭，或許我們都會一直徘徊不定。

在「這件事最重要」與「什麼都不重要」的日子裡往復，

這不斷循環的過程，就相當於我的人生，

而我除了繼續前進之外，

別無他法。

因此，在制定目標時，

或許可以稍微靈活一些。

就算無法完美達成，

只要堅持下去就有意義。

縮小目標，放大夢想。

自由且安穩的生活，
就像一幅簡單卻絢麗的藍圖

＊

完全無法預測自己一年後的模樣，
小時候的我覺得這種生活很有趣，
但隨著經驗累積和年齡增長，
不規律的作息逐漸讓人感到疲倦。

為七年的自由工作者生活畫下句點，
我開始到公司上班了。
比起自由但不安的人生，

我選擇了不那麼自在，但相對安穩的生活。

（職場人的生活究竟穩不穩定呢？

讓我們先跳過這個更複雜的議題。）

每天在固定的時間工作，

和自己完全不同性質的人一起吃飯，

隨時裝備著資本主義式的微笑和反應。

在公司上班，也有很多意想不到的好處。

首先，失眠的症狀消失了，

（因為過於疲勞，躺下後三十分鐘內就會睡著），

飲食也變得比以前規律。

最重要的是，信用卡結帳的日子不再令人恐懼。

這一切，都是撐過公司所有不合理現象的補償。

當然，有得必有失。

像是凌晨時冒出的靈感，

選擇午餐菜單的自由，

以及不想參與某些話題的權利……等等。

此外，由於生活變得單純，想法自然跟著減少，

這對我來說，既是優點也是缺點。

雖然內心變得較為舒暢，

但身為作家，寫作的素材確實減少了許多。

總的來說，這樣的生活不好也不壞。

身為自由工作者的這七年，

內心總會被「收入不穩定」的枷鎖束縛。

相反的，現在雖然被綁在公司裡，

但心中的焦慮比以前減輕不少，

心情也更加暢快和自在。

所謂「自由」，原來不是形式的問題，

而是取決於自身的心態。

在現有的位置上總是感到不自在，

有時內心會覺得矛盾。

日子這樣過下去也無妨嗎？

就此安於現狀的話該怎麼辦？

偶爾我會被莫名的焦慮感侵襲。

但是，過了下班時間還不斷嘮叨的上司，
反而讓我漸漸感到心安。
「看來我不可能永遠待在這裡，
早晚都會離職去其他地方。」

沒有哪段經驗是無用的。
正在做某件事，就代表自己正在進步。

忍不住覺得

「生活為何如此辛苦」時，

就會以痛苦的普遍性

來自我安慰。

「人生大概都是這樣吧？」

「不是只有我的問題特別棘手，一起加油吧！」

讓現在的我
得以自我認可的人

✳

從適當的親近關係，
進入到更親密的階段時，
我經常會感到焦慮和不安。
不知道為什麼，
我總覺得自己會被拋棄，
於是莫名地和對方保持距離。

說不出明確的理由，
有些人就是會讓我感到不安，

而有些人則是相處起來特別自在。

總有這樣的朋友，

相約見面、閒聊一整天，

回家後也不用擔心「我今天是不是講了太多廢話」。

通訊軟體裡的訊息，

就算對方「已讀不回」或是「不讀不回」，

彼此也不會感到不舒服。

雖然不是經常聯繫，未能分享人生的所有細節，

但談起近來的生活不會有任何隔閡。

偶爾犯下失誤，或者表現得不夠成熟，

對方也不會從我的身邊離開，

讓我感覺到自己存在的本身就富有價值。

和這樣的人相處，

我能完整地體會到自己「活在當下」。

人生於世，只要擁有這麼一段關係，

就算是成功的人生了吧？

世上最難預測的就是人心。

妄想留住那些不屬於自己的緣分，
不過就是在浪費時間。

因此，我決定不再
對那些漸行漸遠的關係
耿耿於懷，

而是對那些主動釋出善意的情誼心懷感恩。

Chapter 4

為了更自由的明天

「我想如實地看待這個世界並生活其中。」

即使無法
每次都成功

✳

隨著年齡增長，

我對於自己做不到的事，很快就會收起熱情。

曾經有段時間，

我相信所有事情，都會獲得與努力相應的成果；

直到如今才逐漸領悟到，

所謂人生，就是努力和結果不一定成正比。

人生在世，當想做的事情失敗時，

就必須悲哀地承認現實有其侷限。

因此，有些人害怕面對挫折，

便提前為自己留下退路；

如果不能成為第一，

乾脆就不要嘗試，

事先阻斷努力的空間。

這麼做，相當於放棄成為第二名的幸福機會。

然而，我們真正需要害怕的，

其實是日後會不會責怪當時的自己未盡全力，

因為不管再怎麼後悔，

時間也不可能倒流。

若想培養健康的自尊感，

除了成功的經驗外，

適當的挫折亦不可或缺。

在穩健的環境下承受過挫折，

日後歷經失敗，也不會畏懼再度挑戰。

無論我們付出多少，

人生都不會給予百分之百公平的回報。

倘若我們一直困在

「努力就必須有收穫」的思維裡，

或許只會錯過其他更好的機會。

我們必須知道的是，

就算努力不一定能帶來期待的結果，

但至少會留下同等的經驗值。

雖然我們無法每次都取得成功，

但別忘了，

這一次的努力，

將會成為下一次挑戰的墊腳石。

由於每個人的能力不同,

所以「盡力了」這句話,
本來就沒有一定的基準。

只要以自己的標準,
認真、盡力過就好。

能怎麼辦呢～
只好接受現實

盡全力後也達不到的事，只能說是無可奈何。

比現實
更可怕的想像

✳

睡前坐在棉被上吃零食，

是我一直想改掉的壞習慣。

這種習慣已經持續了十幾年，

在某個時期，

甚至到了不吃零食就睡不著的強迫狀態。

後來，我在 Podcast 上聽到某個節目介紹了長壽的祕訣，

在幾種方法當中，

我對「間歇性斷食」特別地熱衷和著迷。
從那時起，直到寫這篇文章的現在，
我已經持續施行了一年多。

有趣的是，
當我想著要戒掉「睡前吃零食的習慣」時，
通常很難控制自己的食欲，
但當我想到「目前正在間歇性斷食」，
就能輕易抵擋住零食的誘惑。

對某些人來說，這件事可能微不足道，
但對我而言，
這是長久以來的負面信念被打破的歷史性瞬間。
我一直相信十幾年來的習慣絕對改不掉，
所以其中的意義，遠比戒掉零食還要深遠。

或許，很多時候我們認定無法去除的消極面，
並非完全沒有切斷的可能。
完成了先前認為絕對做不到的事，

再回憶起那些過去被自己否定的部分時，

就會開始產生積極的想法，

反問自己：「實際上是不是有可能達成？」

如今，每當腦海中浮現「肯定做不到」的想法時，

我就會不斷地質疑和抵抗。

雖然最終還是有可能放棄，

但不妨在過程中多爭取幾次機會。

假如嘗試過一段時間都失敗，

那麼最後放下時，心境也會更加坦然。

要改掉長久以來的習慣，
從來不是件容易的事。

曾經是個
賴床鬼的我……

認為「自己一定做不到」
的想法，從一開始
就切斷了嘗試的機會。

但是，在這一年左右
的時間裡，我遵守著
新的飲食規律，同時
也有了另一層體悟。

雖然偶爾有幾次
沒按照計畫，
但間歇性斷食
已經持續了一年！

比現實更可怕的，
其實是「你絕對做不到」之類的假想。

六十秒，六十分鐘，
二十四小時，三百六十五天

✳

冬天在公園裡散步時，
偶然見到在結冰池水中乾枯的蓮花。
雖然當下看起來了無生機，
但只要春日降臨，
就會像什麼都沒經歷過似地重新綻放吧？

如同植物適應季節，反覆地綻放和凋謝，
且每當春回大地，就會再次發芽一樣，

我們的生活也是在無數次的循環中反覆——

六十秒，六十分鐘，二十四小時，三百六十五天，四季。

接著，又從頭來過……

我們在世界裡跌跌撞撞，日復一日。

我也想像花朵一樣，默默地照顧好自己。

變化令人感到畏懼，在職場上的每一天都過得非常緩慢。

但是，如果真的沒有需要適應的變化，

生活也沒有固定的規律，

那該多麼無趣和不安呢？

隨遇而安，

一次又一次地活在當下，

或許就是生命的本質。

期待春天的花再次探出新芽，

今天的我，也要專注於當下。

希望自己
活得像個人

※

最近這幾年，因為對工作感到迫切，
所以開始執著於自己的進度和效率。
平時我的動作很慢，不管做什麼，
都要比別人多花二、三倍的時間，
必須從其他方面把時間省下來。
由於睡眠時數不可能減少，
於是我決定縮短自己的用餐時間。

咀嚼食物的時間是一種浪費，

所以我幾乎每餐都喝穀物奶昔，

且為了減少上廁所的次數，

我也刻意避免攝取水分。

幾年的時間過去，

如今，我幾乎喪失了對飲食的渴望。

對我來說，吃飯只是為了補充生存所需的營養，

或是藉由辣味來緩解壓力──

除此之外，沒有其他意義。

在忙得不可開交時，

偶爾會不記得自己到底有沒有吃過飯，

直到聽見肚子發出咕嚕咕嚕的聲音，

才為自己倒一杯穀物奶昔──

一點也不像人類正常的飲食。

最近，我盡量不接需要犧牲吃飯時間、熬夜，

或是連週末都要趕工的急件，

因為我希望自己至少活得像個人。

今天，我親自清洗食材，
靜靜聽著菜刀在砧板上發出咚咚咚咚的聲音。

在日復一日的艱辛時光裡，
我不想忘記
身而為人理應享受的從容。

永遠別忘了要善待自己。

或許，人生其實是由
一連串單純且瑣碎的事物組成。

即便如此，我還是喜歡把它們看得更複雜、
更溫暖一些。

因為我相信，在生與死之間，
肯定還有比追求溫飽更重要的事。

焦慮會成為
你的導航

＊

有時候看到自己以前的圖文創作，
會瞬間害羞到無地自容、手腳蜷曲。

面對自己過去未達標準的作品，
其實是件非常痛苦的事，
但換個角度想，
這也代表我現在的眼光和實力，
比以往更加提升。

因為不是百分百滿意，
所以能從中找到進步的方向。
假如對自己現在的模樣或狀態不滿，
不妨試著轉換思維。

眼下的不完美與焦慮，
會引導你走向更好的地方。

過去的失敗不代表結束，
因為我們隨時都可以從那裡重新開始。

熟悉並不一定等於喜歡，

就像喜歡也不一定就能夠適應或習慣。

為何想得如此複雜？

＊

「為何想得如此複雜？」
向他人傾吐煩惱時，
經常會聽到這句話。
不僅沒有獲得共鳴，反而還被數落，
我只能不斷解釋自己的苦衷與立場，
似乎渴望得到所有人的理解。
就算最後沒有明確的結論，
但只要能有抒發的管道、有人願意傾聽，

就足以讓我感到舒暢。

然而，不曉得是不是隨著年齡漸長，
我對「共感」的期待愈來愈高，
或許我的想法總是比一般人複雜，
所以經常會有種話不投機的感覺。

如果與他人分享沉重的話題，
卻得不到預期的共鳴，
好像只會讓對方覺得我是個奇怪的人。
因此，最近我會先透過一、二次對話，
判斷對方的思維是否與我相似，
假如共鳴的範圍相差甚遠，
就會提早放棄與對方深度談心。

如今，我不奢望所有人的理解。
能順利交心，固然令人感激；
若缺乏共鳴，只嘆無可奈何。
有時，我們也需要惜字如金。

雖然我很討厭
強求，

講出來好呢？

還是不講比較好呢……

但如果獨自壓在心底、
覺得難受的話，

嗯，不如講出來吧！

現在不說清楚的話，
以後還是會很介意。

倒不如一次
把話說開，

其實，昨天
我覺得很傷心。

真的嗎？
我完全不曉得。

原來你很難受……
謝謝你老實告訴我。

拍拍 拍拍

彼此心裡都沒有疙瘩。

因為沒有想結婚的對象

＊

不久前，我久違地前去拜訪親戚，
長輩在看到我的時候，
用「你還不結婚嗎」的質疑來代替問候。
我回答「因為沒有想結婚的對象」，
對方又接著挖苦道：「你有這麼優秀嗎？」
（或許很誇張，但以上句句屬實）

我有很多話想反駁，

但不願在身體不適的長輩面前挑起紛爭。

原本打算忽略對方的話，

可是想來想去，總覺得內心會因此受傷。

「沒錯，我很優秀」，

我盡量用恭敬的語氣回答。

接著，對方又把球丟了回來：

「不要挑三揀四的，找個有錢的男人嫁了吧！」

我意識到對話已經沒有延續的意義，

只好帶著不失禮貌的微笑，

以眼神告訴對方別再向我搭話，

然後開始保持沉默。

在二十一世紀聽到如此迂腐的言論，

我感到既衝擊又荒謬。

這樣的質疑，

雖然不會對我的婚姻觀或自尊感產生多大的影響，

但畢竟是非常無禮的言辭，

肯定會在心裡留下創傷。

在社會上遇到如此越界的人，
我通常會慢慢與對方絕交。
但是，對方偏偏不是工作上的關係，
我無法基於上述原因就跟親戚斷絕來往。
想到每次都必須解釋自己的觀點，努力說服對方，
內心就感到異常地疲憊。

人生在世，
我們無法只在理想的情境下遇見理想的人。
尤其家人這層關係，不是自己所能選擇，
所以彼此之間更需要格外謹慎，
並且懂得互相體諒。

若只是一味地花費時間和精力去互相傷害，
即便血緣再親近，
這樣的關係也很難維持下去。
最終，我所能做的最好選擇，
或許就是與對方保持距離。

愈是需要長久相處的親密關係，

就愈要小心別在無意中傷到對方。

假如覺得很難做到，

那麼不妨減少見面次數，

把關係稍微拉遠一點。

這是我從事件中得出的結論。

餘下的人生裡，我們還會再見幾次面？

能否不再因對方而受傷呢？

或許，當彼此愈是熟悉，
就愈需要保持一點距離。

從工作中
解脱的方法

✳

就讀以文科為主的高中時，
身為班上唯一擅長「藝術‧體育」的學生，
總是有種「我很特別」的感覺。
認定自己和同儕擁有不同的特質，
渴望形成明確的自我認同，
就是我撐過痛苦學生時期的動力。

不過，當心中的信念逐漸偏離軌道，
變成了「我一定要與眾不同，

否則就失去存在的理由」時，
很多事情就開始變得困難與複雜。

尤其，這樣的態度，
在必須融合各種意見的職場當中，
變得非常吃力且不討好。
假如我的意見被傳達錯誤，進而引起誤會，
我就一定得說些不中聽的話才能讓自己消氣；
若是覺得自己的價值觀被動搖，
就算只是一點瑣事，我也會忍不住爆發。
為什麼呢？因為我認定自己既珍貴又特別，
不該受到不當的待遇。

工作時遇到的各種不合理，
以及選擇權被限制的情況，
都讓我心生厭惡，
不斷思考該怎麼做才能讓工作更加自由。
但是，這個命題從一開始就錯了。
我所盼望的自由，

如果只侷限在「擁有與眾不同的待遇」，
那麼就永遠無法擺脫相同的命運。
不管我做什麼，都不可能感受到自由。

無論賺得再多、晉升得再快，
甚至爬到最上層成為掌權者，
在這個世界上，
沒有哪一個職位可以完全隨心所欲。
不管從事何種行業，都不可能享受到我嚮往的自由。

追根究柢，最重要的還是自由的意志吧？
亦即，隨著面臨的情境不同，
在生活中實現最低限度的自由意志。
並非只有在任何人都無法反駁我的情況下，
才能成為所謂的「甲方」*，
只要態度堂堂正正且光明磊落，
那麼不管身處哪個位置，內心都會更加自由。

＊指合約的主導方。

有時，我覺得共感能力
對精神健康有害。

尤其是某個人讓我覺得難受，
我卻能理解對方的立場時。

他一定
也有苦衷吧……

過度的共感，
會使問題變得更加複雜。

就算可以理解，也沒必要全部諒解。

沒有人願意聽
刺耳的真相

＊

過去的我，
誤以為不避諱談論敏感話題，
就是一種很酷的行為。
我以自己的坦率為傲，
經常一針見血地揭開殘酷的事實。

然而，不管論點有多正確，
只要表達的方式過於直接，讓人聽起來不舒服，
就難免引發排斥。

若能委婉地傳達，就算說的話不中聽，
人們也相對容易接受。

我們其實很清楚，
哪些人會願意告訴我真相，
哪些人只會在我面前花言巧語。
但問題就在於，理性上可以判辨，
而情感上卻不願意接受。
因此，我將想說的話直言不諱地表達出來，
還希望對方能夠理解，其實是一種奢望。

打算給他人真心的建議時，
不妨先換個立場思考看看。
假如自己聽到同樣的話，
心裡會作何感受呢？

雖然知道某些話有理，
但過於老生常談的說辭，
總是會讓人心生排斥，
像是「別被試煉擊垮，
要從中變得堅強」等等。

不過，老套的勸誡中
如果承載著真心，
就會具有一定的力量。

有時，我們也會渴望
聽到那些通俗的大道理，

只要當中帶有真誠的理解與共鳴。

原來，
你再也不稀罕我了

＊

在大人的世界裡，有時面對關係並不坦誠。
例如想和某個人斷絕來往，
一般不會用殘忍的話來為關係畫下句點，
像是「我對你很失望，不想再見到你了」等等。

反之，我們會刻意晚一點再回訊息，
或者把見面的時間一延再延，
希望對方能主動察覺我的心意。
「工作太忙」、「有其他事」……

我們用各種白色謊言來敷衍，
然後就當作訊息已傳達完畢。
這種方式，被稱為「社會性」。

收到這種信號時，
我們就會憑直覺而有所領會：
「他現在不稀罕我了啊。」

對方不再重視我，只是把我當作陪襯，
或者覺得在紅白帖的名單上多留一個人也無妨，
於是就將我晾在一旁冷處理。

不知從何時起，我開始逐一清理這樣的關係。
對方或許會覺得錯愕，
而站在第三者的立場來看，
也可能認為我太輕易就捨棄一段交情。
我的人脈本來就不廣，
以這種方式過濾名單的話，
也讓人擔心我會不會變得形單影隻。

即便如此，我依然堅持切斷聯繫，

因為強求的緣分，

最終留給我的只有空虛。

在空虛感將我吞噬之前，

我必須著手做點什麼，才能不再感到難受。

我寧可承受孤獨，也不願敗給空虛。

若某段關係必須靠傷害自己才得以維繫，

不如就勇敢地放手吧！

與某人深度交流，
對話產生共鳴時，

對未來懷有希望，
全身充滿幹勁時，

我的世界就會
被充實感填滿。

或許，人生最重要的就是人和希望吧！

不過是
擦肩而過的緣分

＊

由我負責插畫的書登上暢銷排行榜之後，
許久未聯繫的朋友接二連三地浮出水面。
原本相處起來還算自在的朋友，
也突然採取和以前不一樣的低姿態，
甚至過分熱情地照顧我。

然而，過沒多久，
我與他們又再度變得生疏。
隨著書籍退出排行榜，

有些人自然而然就失去聯繫，

有些人則是由我主動斷絕往來。

以前的我和現在的我明明毫無二致，

但人們的態度卻因我的成就而突然轉變，

這點讓我不禁感到懷疑和苦澀。

在你發展順利時，就格外地卑躬屈膝，

或是過度地示好、獻殷勤，

面對這種人，應盡量別投入太多感情。

此外，就算和他們失去聯繫，

也不必怨嘆世態炎涼。

反正擦肩而過的緣分，終究不可能走得長久。

反之，無論你處於何種情況，

對你的態度都始終如一的人，

請不要吝於對他們付出關愛。

因為他們會是你跌落谷底時，

還願意陪在你身旁的人。

隨著年齡增長，

開始覺得過於情緒化
的人很難相處，

也愈來愈難付出
自己的情感。

偶爾，會希望自己能減少情感的消耗。

保存照片的原因

＊

在大學剛畢業、二十多歲時，
生活瞬間陷入迷茫，
當時我認識了一位朋友。
最近一次見到她，
是我們相識六年左右的某一天。

仔細察看當天一起拍的照片，
發現歲月的痕跡已悄悄融入肌理，
但兩人的表情卻變得比以前平和。

照片裡的我，笑容看起來十分自然。
或許，這就是人們保存照片的原因吧？

一邊感嘆「當時的我～」，
一邊回顧過往的時光，
肯定會察覺自己變得更好的部分。

每次見面時，
珍貴的回憶就不斷增加，
時間久了，定會覺得不枉此生吧？
但願下次再見時，我們會變得比現在更好。

金錢、愛情、自由，
哪一項最重要？

✳

有兩個令人印象深刻的場景，
是學生時期的我決心報考藝術大學的契機。

第一個場景，始於弘大前面的交叉路口。
在居酒屋和美食店鱗次櫛比的大馬路對面，
正是準備報考藝術大學的補習街。
我每天在那條街上往返，
偶爾會遇到補習班的助理講師。

當時還是大學生的老師，

經常盤腿坐在路旁建築物的花圃上發呆，

在年幼的我眼裡，

老師的模樣看起來特別帥氣。

雖然無從得知當事人真正的想法，

但對我而言，

那個動作彷彿象徵著「我一點也不在乎你們怎麼看我」。

還有一次，是在晚上約十點左右，

補習班課程結束後，我正準備返家。

當時，在弘大正門前的斑馬線上，

有一群喝得醉醺醺的人，

突然大喊「今天是我的生日！」，

而在旁等待綠燈的陌生人們，竟一起鼓掌道賀。

現在回想起來，他們不過是一群喝醉的年輕人，

但不曉得為什麼，看起來卻非常自由。

當時的情景，至今依然鮮明地烙印在心頭。

我幻想著只要考進藝術大學，

就能過上自由且瀟灑的生活。

但如今看來，

這樣的想法果然過於天真。

透過這段故事，我想指出的重點只有一個：

不管過去或現在，對我而言最珍貴的價值，

就是所謂的「自由」。

回顧過往時光，

無論是工作、念書、與某人交往或分手，

所有選擇的原因，都是基於「自由」。

工作賺錢的理由，

也是因為金錢足以成為獲得自由的手段。

時間上的自由，不必與討厭的人見面的自由等，

這些都是我希望透過金錢換取的項目。

仔細爬梳回憶，過往人生中所做的選擇，

都是基於什麼樣的理由呢？

哪些只是手段，哪些才是真正的目的？

對你而言，金錢、愛情與自由，
哪一項才是最重要的價值？

倘若能不受限於任何事，
你最想做的事情是什麼呢？

－為什麼要不斷往前走呢？

－因為前方有路啊。

－如果沒有路呢？

－沒有的話，就一邊走，一邊開拓吧！

同理心不是等價交換

✳

有時，我們會因他人不了解我而感到失望，

但即使認識再久、關係再親密，

人與人之間，都只是努力去理解對方而已。

自始至終，唯有我自己，

才能徹底掌握人生的所有細節與脈絡。

或許是因為如今的社會氛圍，

把共感能力視為人際關係的必修課，

所以有時我們會以家人、朋友或戀人為名，

過度奢望對方了解自己，

最後又不得不感到遺憾。

對此，不妨換個角度思考看看吧！

就像沒有人能百分之百理解我一樣，

我也很難百分之百地理解他人或給予共鳴。

換句話說，

人生在世，就算不是有意的，

也或多或少會讓他人留有缺憾。

因此，我們沒必要單方面給予理解，

然後又在心裡默默感到委屈，

也別期待獲得對方百分之百的共鳴，

因為同理心本來就不是「等價交換」。

雖然甜蜜而動聽，
但比起花言巧語，

有時我們更渴望聽到
一句承載真心的共鳴。

「你一定也很難受吧？」

當心靈重新充飽電，
我們也能把這樣的
同理心傳遞出去。

如此一來，生活的每一天，
都將變得更加溫暖。

如實看待事物的自由

✳

隨著年齡增長，我愈來愈喜歡自然的事物。
所謂「自然」，就是不加以修飾，
如實看待事物最初的模樣。

年幼時，我曾刻意用人工的方式改造自己的外貌，
也曾用扭曲的觀點看待世界。

「那個人真是偽善。」
「居然假裝自己很感性。」

「他只是故意裝大方而已。」
以尖酸刻薄的態度處世，
內心也會隨之變得狹隘。

心若過於偏狹，就看不見世界的遼闊。
請別讓自己被扭曲的視角侷限，
以各種自由的角度看待一切，
或許還會突然愛上過去討厭的事物。
無論面對何種情境，只要稍微放寬心胸，
就會發現更多邁向陽光的選項。

懂得如實看待世界，就相當於獲得自由，
而這樣的自由，
足以將我從渺小、滯礙的心靈中解放。

與他人不同，
不代表就是奇怪。

你是傳說中的限量版。

You're special!

國家圖書館出版品預行編目資料

即使徘徊，我們還是會走向明天：讓焦慮成為導航，從容且直率地活在當下 / 跳舞蝸牛（Dancing Snail）著；張召儀譯.-- 初版.-- 臺北市：日月文化出版股份有限公司，2025.01
248 面；14.7*21 公分. --（大好時光；88）
譯自：나의 하루를 산책하는 중입니다
ISBN 978-626-7516-85-0（平裝）
1. 自我肯定 2. 自我實現 3. 生活指導
177.2   113017329

大好時光 88

即使徘徊，我們還是會走向明天

讓焦慮成為導航，從容且直率地活在當下

나의 하루를 산책하는 중입니다

作　　者：跳舞蝸牛（Dancing Snail）
譯　　者：張召儀
主　　編：俞聖柔
校　　對：俞聖柔、張召儀
封面設計：水青子
美術設計：LittleWork 編輯設計室

發 行 人：洪祺祥
副總經理：洪偉傑
副總編輯：謝美玲
法律顧問：建大法律事務所
財務顧問：高威會計師事務所
出　　版：日月文化出版股份有限公司
製　　作：大好書屋
地　　址：台北市信義路三段 151 號 8 樓
電　　話：（02）2708-5509　傳　真：（02）2708-6157
客服信箱：service@heliopolis.com.tw
網　　址：www.heliopolis.com.tw
郵撥帳號：19716071 日月文化出版股份有限公司

總 經 銷：聯合發行股份有限公司
電　　話：（02）2917-8022　傳　真：（02）2915-7212
印　　刷：軒承彩色印刷製版股份有限公司
初　　版：2025 年 1 月
定　　價：380 元
I S B N：978-626-7516-85-0

나의 하루를 산책하는 중입니다
Copyright © Dancing Snail, 2023
All rights reserved.
This Complex Chinese edition was published in 2025 by Heliopolis Culture Group Co., Ltd.
by arrangement with Woongjin Thinkbig Co., Ltd., Korea
through M.J Agency

General Conditions

日月文化集團
HELIOPOLIS
CULTURE GROUP

感謝您購買 _____ 即使徘徊，我們還是會走向明天 _____

為提供完整服務與快速資訊，請詳細填寫以下資料，傳真至02-2708-6157或免貼郵票寄回，我們將不定期提供您最新資訊及最新優惠。

1. 姓名：_____ 性別：□男 □女

2. 生日：_____年_____月_____日 職業：_____

3. 電話：（請務必填寫一種聯絡方式）

   （日）_____（夜）_____（手機）_____

4. 地址：□□□_____

5. 電子信箱：_____

6. 您從何處購買此書？□_____縣/市_____書店/量販超商

   □_____網路書店 □書展 □郵購 □其他

7. 您何時購買此書？_____年_____月_____日

8. 您購買此書的原因：（可複選）

   □對書的主題有興趣 □作者 □出版社 □工作所需 □生活所需

   □資訊豐富 □價格合理（若不合理，您覺得合理價格應為_____）

   □封面/版面編排 □其他_____

9. 您從何處得知這本書的消息： □書店 □網路／電子報 □量販超商 □報紙

   □雜誌 □廣播 □電視 □他人推薦 □其他

10. 您對本書的評價：（1.非常滿意 2.滿意 3.普通 4.不滿意 5.非常不滿意）

    書名_____ 內容_____ 封面設計_____ 版面編排_____ 文/譯筆_____

11. 您通常以何種方式購書？□書店 □網路 □傳真訂購 □郵政畫撥 □其他

12. 您最喜歡在何處買書？

    □_____縣/市_____書店/量販超商 □網路書店

13. 您希望我們未來出版何種主題的書？_____

14. 您認為本書還須改進的地方？提供我們的建議？

    _____

    _____

    _____

    _____

日月文化集團 讀者服務部 收

10658 台北市信義路三段151號8樓

對折黏貼後，即可直接郵寄

日月文化網址：**www.heliopolis.com.tw**

最新消息、活動，請參考 FB 粉絲團

大量訂購，另有折扣優惠，請洽客服中心（詳見本頁上方所示連絡方式）。

大好書屋

寶鼎出版

山岳文化

EZ TALK

EZ Japan

EZ Korea

大好書屋・寶鼎出版・山岳文化・洪圖出版　EZ叢書館　EZ Korea　EZ TALK　EZ Japan

生命，因閱讀而大好